※ 구마라집 삼장께서 한문으로 번역한 아미타경을
김현준 원장이 한글로 번역하였습니다.

한글 아미타경

김현준 옮김
불교신행연구원 엮음

❋ 효림

엮은이 김현준 金鉉埈

불교신행연구원 원장, 월간「법공양」발행인 겸 편집인, 효림출판사와 새벽숲출판사의 주필 및 고문으로 활동하고 있다.

저서로는『미타신앙·미타기도법』·『광명진언 기도법』·『신묘장구대다라니 기도법』·『참회·참회기도법』·『불자의 자녀사랑 기도법』·『사찰 그 속에 깃든 의미』·『사성제와 팔정도』·『육바라밀』·『화엄경 약찬게 풀이』등 30여 종이 있으며, 불자들의 신행을 돕는 사경집 20여 종과 한글 번역서『법화경』·『원각경』·『지장경』·『육조단경』·『약사경』·『승만경』·『부모은중경』·『보현행원품』·『자비도량참법』·『선가귀감』등 10여 종이 있다.

한글 아미타경

초 판 1쇄 펴낸날 2021년 7월 15일
4쇄 펴낸날 2024년 3월 25일

옮긴이 김현준
펴낸이 김연지
펴낸곳 효림출판사
등록일 1992년 1월 13일 (제 2-1305호)
주 소 서울특별시 서초구 반포대로14길 30, 907호 (서초동, 센츄리Ⅰ)
전 화 02-582-6612, 587-6612
팩 스 02-586-9078
이메일 hyorim@nate.com

값 4,000원

ⓒ 효림출판사 2021
ISBN 979-11-87508-63-2 (03220)

※ 표지사진 : 천은사 아미타후불탱화. 내표지그림 : 석정스님 작.
※ 잘못 만들어진 책은 바꿔 드립니다.

차 례

:

불설아미타경 · 11

'나무아미타불'염불 · 57

― 부 록 ―

극락과 아미타불

아미타경의 독송과 염불법

아미타기도 발원문

나무서방극락교주아미타불(3번)

개경계開經偈

가장높고 심히깊은 부처님법문
백천만겁 지나간들 어찌만나리
저희이제 보고듣고 받아지녀서
부처님의 진실한뜻 깨치오리다

無上甚深微妙法	무상심심미묘법
百千萬劫難遭遇	백천만겁난조우
我今聞見得受持	아금문견득수지
願解如來眞實意	원해여래진실의

개법장진언開法藏眞言

옴 아라남 아라다(3번)

나무불설아미타경(3번)

佛說阿彌陀經

一. 法會衆證分법회중증분

여 시 아 문
如是我聞하노니

일 시　　불　 재 사 위 국 기 수 급 고 독 원
一時에 佛이 在舍衛國祇樹給孤獨園하사

여 대 비 구 승 천 이 백 오 십 인　　　　 구
與大比丘僧千二百五十人으로 俱러시니

개 시 대 아 라 한　　　　 중 소 지 식　　　 장 로
皆是大阿羅漢이니 衆所知識이라 長老

사 리 불　　 마 하 목 건 련　　 마 하 가 섭　　 마
舍利弗과 摩訶目犍連과 摩訶迦葉과 摩

불설아미타경

一. 법회를 열다

이와 같이 나는 들었다.

어느 때 부처님께서는 사위국 ^{舍衛國} 기수 ^{祇樹}
급고독원^{給孤獨園}에서 천이백오십인의 비구들
과 함께 계시었다.

그들은 모두가 널리 알려져 있는
대아라한^{大阿羅漢}으로, 장로 사리불·마하목건
련·마하가섭·마하가전연·마하구치

訶迦旃延과 摩訶俱絺羅와 離婆多와 周

利槃陀迦와 難陀와 阿難陀와 羅睺羅와

憍梵波提와 賓頭盧頗羅墮와 迦留陀夷와

摩訶劫賓那와 薄拘羅와 阿㝹樓馱 如是

等諸大弟子며

幷諸菩薩摩訶薩인 文殊師利法王子와

阿逸多菩薩과 乾陀訶提菩薩과 常精

進菩薩 與如是等諸大菩薩과 及釋提

桓因等 無量諸天大衆으로 俱러시니

라 · 리바다 · 주리반타가 · 난타 · 아난타 · 라후라 · 교범바제 · 빈두로파라타 · 가류타이 · 마하겁빈나 · 박구라 · 아누루타 존자 등과 같은 큰 제자들이었다.

또한 보살마하살인 문수사리법왕자와 아일다보살〔미륵보살〕 · 건타하제보살〔香象菩薩〕 · 상정진보살 등의 대보살들과 석제환인〔제석천〕 등 수많은 천인들이 함께하였다.

二. 佛土依正分불토의정분

爾時에 佛告 長老舍利弗하사대

從是西方으로 過十萬億佛土하여 有世

界하니 名曰極樂이요 其土에 有佛하시니

號阿彌陀시라 今現在說法하시나니라

三. 寶樹池蓮分보수지연분

舍利弗아 彼土를 何故로 名爲極樂이어뇨

二. 극락과 아미타불

그때 부처님께서 장로 사리불에게 이르셨다.

여기에서 서쪽으로 십만억 국토를 지난 곳에 한 세계가 있으니 이름이 '극락'이요, 거기에 부처님이 계시니 호가 '아미타'이며, 지금도 법을 설하고 계시느니라.

三. 극락의 나무와 연못의 모습

사리불아, 저 세계를 왜 극락이라고 하는 줄 아느냐?

기국중생 무유중고 단수제락
其國衆生이 無有衆苦하고 但受諸樂일세

고명극락
故名極樂이니라

우사리불 극락국토 칠중난순
又舍利弗아 極樂國土에 七重欄楯과

칠중나망 칠중항수 개시사보 주
七重羅網과 七重行樹가 皆是四寶로 周

잡위요 시고 피국 명위극락
帀圍繞할새 是故로 彼國을 名曰極樂이니라

우사리불 극락국토 유칠보지
又舍利弗아 極樂國土에 有七寶池하고

저 세계에 있는 중생들은 어떠한 괴로움도 없이 즐거움만을 누리므로 극락이라 하느니라.

또 사리불아, 극락세계는 일곱 겹으로 된 난간〔七重欄楯(칠중난순)〕과 일곱 겹의 그물〔七重羅網(칠중나망)〕과 일곱 겹의 가로수〔七重行樹(칠중항수)〕가 있는데, 이들 모두가 금 은 등의 네 가지 보배로 아름답게 장식되어 있으므로 저 세계를 극락이라 하느니라.

또 사리불아, 극락세계에는 칠보로 된 연못〔七寶池(칠보지)〕이 있고, 그 연못에는 여

八功德水가 充滿其中하고 池底는 純以

金沙로 布地하며

四邊階道는 金銀琉璃玻瓈로 合成하고

上有樓閣하되 亦以金 銀 琉璃 玻瓈 硨

磲 赤珠 瑪瑙로 而嚴飾之하며

池中蓮華는 大如車輪하여 青色青光이며

黃色黃光이며 赤色赤光이며 白色白光이라

微妙香潔하나니

18

덟 가지 공덕을 갖춘 물〔八功德水〕이 가
득하며, 연못의 바닥에는 순금으로 된
모래가 깔려 있느니라.

　연못 둘레에는 금·은·유리·수정
등의 보배로 이루어진 네 개의 계단이
있고, 그 위에 금·은·유리·수정·자
거·적진주·마노 등으로 찬란하게 꾸
민 누각이 있느니라.

　연못 가운데에는 큰 수레바퀴만 한
연꽃들이 피어 있는데, 푸른 꽃에서는
푸른 광채가 나고 노란 꽃에서는 노란
광채, 붉은 꽃에서는 붉은 광채, 흰 꽃
에서는 흰 광채가 나되 이를 데 없이

舍利弗아 極樂國土는 成就如是功德

莊嚴하니라

四. 天人供養分천인공양분

又舍利弗아 彼佛國土에 常作天樂하며

黃金爲地하고 晝夜六時로 雨天曼陀羅

華어든 其土衆生이 常以淸旦에 各以衣

祴으로 盛衆妙華하여 供養他方 十萬億

佛하고 卽以食時에 還到本國하여 飯食經

行하나니

향기롭고 맑기가 그지없느니라.

　사리불아, 극락세계는 이와 같은 공덕장엄(功德莊嚴)들로 이루어져 있느니라.

　四. 천인들이 공양함

　또 사리불아, 저 불국토에는 늘 천상의 음악이 울려 퍼지고, 대지는 황금으로 이루어졌으며, 하루에 여섯 차례 천상의 만다라 꽃비가 내리는데, 극락세계의 중생들은 이른 아침마다 각자의 바구니에 온갖 묘한 꽃들을 담아 타방세계(他方世界)에 계시는 십만억 부처님께 공양을 올리고, 본국으로 돌아와 식사를

舍利弗아 極樂國土는 成就如是功德

莊嚴하니라

五. 禽樹演法分 금수연법분

復次舍利弗아 彼國에 常有種種奇妙

雜色之鳥하되 白鶴 孔雀 鸚鵡 舍利 迦

陵頻伽 共命之鳥라 是諸衆鳥는 晝夜

六時로 出和雅音하되 其音이 演暢五根과

五力과 七菩提分과 八聖道分 如是等

法이어던

其土衆生이 聞是音已에 皆悉念佛 念

마친 다음 즐거이 산책을 하느니라.

사리불아, 극락세계는 이와 같은 공덕장엄들로 이루어져 있느니라.

五. 새가 나무에서 법문을 설하다

또한 사리불아, 극락세계에는 가지가지 기이하고 묘한 빛깔을 가진 백학·공작·앵무새·사리새·가릉빈가·공명조 등이 하루에 여섯 차례 화창하면서도 우아한 소리로 노래를 하는데, 그 노래에서 오근五根·오력五力·칠보리분七菩提分·팔정도八正道 등의 법문이 흘러나오느니라.

극락세계 중생들은 그 노래 소리를

법 염 승
法 念僧하나니

사 리 불   여물위차조   실 시 죄 보 소
舍利弗아 汝勿謂此鳥를 實是罪報所

생   소 이 자 하   피 불 국 토   무
生이라하라 所以者何오 彼佛國土에 無

삼 악 도
三惡道니라

사 리 불   기 불 국 토   상 무 악 도 지 명
舍利弗아 其佛國土에 尚無惡道之名이온

하 황 유 실
何況有實가

시 제 중 조   개 시 아 미 타 불   욕 령 법
是諸衆鳥는 皆是阿彌陀佛이 欲令法

음   선 류   변 화 소 작
音을 宣流하사 變化所作이시니라

들으며 부처님을 생각하고〔念佛〕 법을 생각하고〔念法〕 불제자를 생각하느니라〔念僧〕.

사리불아, 그대는 이 새들이 죄업의 과보로 생겨난 것이라고 생각하지 말라. 왜냐하면 저 불국토에는 삼악도(지옥 아귀 축생)가 없기 때문이니라.

사리불아, 그곳은 '악도(惡道)'라는 말조차 없는 세계이거늘 어찌 죄업의 과보가 있겠느냐.

이 새들은 아미타불께서 법음(法音)을 펴기 위해 화현(化現)으로 만든 것이니라.

舍利弗아 彼佛國土에 微風이 吹動하면

諸寶行樹와 及寶羅網에 出微妙音하되

譬如百千種樂을 同時俱作이어던 聞是音

者는 皆自然生念佛 念法 念僧之心하나니

舍利弗아 其佛國土는 成就如是功德

莊嚴이니라

六. 佛德無量分불덕무량분

舍利弗아 於汝意云何오 彼佛을 何故로

사리불아, 저 불국토에서는 미세한 바람만 불어도 보석으로 장식된 가로수와 그물에서 마치 백천 가지 악기로 합주를 하는 것과 같은 아름다운 음악 소리가 울려 나오나니, 그 소리를 듣는 이들은 저절로 부처님을 생각하고 법을 생각하고 불제자를 생각하는 마음이 생겨나느니라.

사리불아, 저 불국토는 이와 같은 공덕장엄들로 이루어져 있느니라.

六. 아미타불의 무량한 공덕

사리불아, 어찌하여 저 부처님이 '아

號_호阿_아彌_미陀_타시뇨

舍_사利_리弗_불아 彼_피佛_불光_광明_명이 無_무量_량하사 照_조十_시

方_방國_국하사대 無_무所_소障_장碍_애일세 是_시故_고로 號_호爲_위阿_아

彌_미陀_타니라

又_우舍_사利_리弗_불아 彼_피佛_불壽_수命_명과 及_급其_기人_인民_민이

無_무量_량無_무邊_변阿_아僧_승祇_지劫_겁일세 故_고名_명阿_아彌_미陀_타시니

미타불'이라 불리게 되었다고 생각하
느냐?

사리불아, 저 부처님의 광명이 한량
이 없어서 시방의 모든 세계를 비추
되 조그마한 장애도 없으므로 '아미타
〔無量光〕'라고 부르게 되었느니라.

또 사리불아, 저 부처님과 극락세계
중생들의 수명이 가없는 아승지겁이기
때문에 '아미타〔無量壽〕'라고 이름하게
된 것이니라.

舍利弗아 阿彌陀佛이 成佛已來로 於
今十劫이시니다

又舍利弗아 彼佛이 有無量無邊聲聞
弟子하시니 皆阿羅漢이라 非是算數之所
能知며 諸菩薩도 亦復如是하나니

舍利弗아 彼佛國土는 成就如是功德
莊嚴하니라

七. 往生發願分왕생발원분
又舍利弗아 極樂國土에 衆生生者는 皆

30

사리불아, 아미타불은 성불을 하신 지가 이미 십겁(十劫)이 되었느니라.

또 사리불아, 저 부처님께는 한량없고 가이없는 성문(聲聞) 제자들이 있는데, 모두가 아라한으로 어떠한 셈법으로도 다 셀 수가 없으며, 보살 대중의 무리 또한 이와 같이 많으니라.

사리불아, 극락세계는 이와 같은 공덕장엄들로 이루어져 있느니라.

七. 극락에 태어나기를 발원하라

또 사리불아, 극락세계의 중생들은

是阿鞞跋致라 其中에 多有一生補處하며

其數甚多하며 非是算數의 所能知之요

但可以無量無邊阿僧祇로 說이니라

舍利弗아 衆生聞者는 應當發願하여

願生彼國이니 所以者何오 得與如是諸

上善人으로 俱會一處일새니라

누구나 보리심이 결코 후퇴하지 않는
불퇴전(不退轉)의 자리에 올라 있으며, 한 생
뒤에 부처가 될 일생보처보살(一生補處菩薩)도 많이
있나니, 그 수를 어떠한 셈법으로도 다
셀 수 없기 때문에 '한량없고 가없는
아승지(阿僧祇)'라고 표현하느니라.

　사리불아, 중생들은 마땅히 저 극락
세계에 태어나기를 발원해야 하나니,
무슨 까닭인가? 그곳에 가면 가장 훌
륭하고 착한 이들과 한데 모여 살 수
있기 때문이니라.

八. 修持正行分수지정행분

舍利弗아 不可以少善根福德因緣으로
(사리불) (불가이소선근복덕인연)

得生彼國이니
(득생피국)

舍利弗아 若有善男子善女人이 聞說
(사리불) (약유선남자선여인) (문설)

阿彌陀佛하고 執持名號하되 若一日 若
(아미타불) (집지명호) (약일일 약)

二日 若三日 若四日 若五日 若六日
(이일 약삼일 약사일 약오일 약육일)

若七日을 一心不亂하면 其人이 臨命終
(약칠일 일심불란 기인 임명종)

時에 阿彌陀佛이 與諸聖衆으로 現在其
(시 아미타불 여제성중 현재기)

前하시니 是人終時에 心不顚倒하여 即得
(전 시인종시 심부전도 즉득)

往生 阿彌陀佛 極樂國土하나니
(왕생 아미타불 극락국토)

八. 극락에 태어날 이가 닦아야 할 행

사리불아, 조그마한 선근(善根)이나 복덕(福德)의 인연으로는 극락세계에 태어날 수 없느니라.

사리불아, 만약 선남자선여인이 아미타불의 이름을 듣고 하루 이틀이나 사흘 나흘이나 닷새 엿새 이레 동안 산란함 없이 일심으로 아미타불의 이름을 외우면, 그 사람이 목숨을 마칠 때에 아미타불이 여러 성중(聖衆)들과 함께 그의 앞에 모습을 나타내시므로, 그 사람은 임종 시에 조그마한 흔들림 없이 곧바로 아미타불의 극락세계에 왕생하게

舍利弗아 我見是利일세 故說此言하노니

若有衆生이 聞是說者는 應當發願하여

生彼國土하니라

九. 同讚勸信分동찬권신분

舍利弗아 如我今者에 讚歎阿彌陀佛

不可思議功德하여 東方에 亦有 阿閦鞞

佛과 須彌相佛과 大須彌佛과 須彌光佛과

되느니라.

사리불아, 내가 이러한 이익을 분명히 보고 있기 때문에 이와 같은 말을 하는 것이니, 어떠한 중생이든 이 말을 듣는 이는 마땅히 극락세계에 태어나기를 발원할지니라.

九. 제불께서 아미타불의 공덕을 찬탄하다

사리불아, 내가 지금 아미타불의 불가사의한 공덕과 이익을 찬탄한 것처럼, 동방세계에 계시는 아촉비불·수미상불·대수미불·수미광불·묘음불

묘음불 여 시 등 항 하 사 수 제 불 각
妙音佛과 如是等 恒河沙數諸佛하사 各

어 기 국 출 광 장 설 상 변 부 삼 천 대 천
於其國에 出廣長舌相하사 徧覆三千大千

세 계 설 성 실 언 여 등 중 생 당
世界하사 說誠實言하시나니 汝等衆生아 當

신 시 칭 찬 불 가 사 의 공 덕 일 체 제 불
信是稱讚不可思議功德하는 一切諸佛의

소 호 념 경
所護念經이니라

사 리 불 남 방 세 계 유 일 월 등 불
舍利弗아 南方世界에 有 日月燈佛과

명 문 광 불 대 염 견 불 수 미 등 불
名聞光佛과 大燄肩佛과 須彌燈佛과

무 량 정 진 불 여 시 등 항 하 사 수 제 불
無量精進佛과 如是等恒河沙數諸佛이

각 어 기 국 출 광 장 설 상 변 부 삼 천
各於其國에 出廣長舌相하사 徧覆三千

등 항하의 모래알 수만큼 많은 부처님들 또한 각기 그 국토에서 삼천대천세계를 두루 덮는 크고 성실한 음성으로 설하시기를, "너희 중생들아, 마땅히 불가사의한 공덕을 찬탄하며 모든 부처님께서 호념^{護念}하시는 이 경을 믿으라." 고 하시느니라.

사리불아, 남방세계에 계시는 일월등불·명문광불·대염견불·수미등불·무량정진불 등 항하의 모래알 수만큼 많은 부처님들 또한 각기 그 국토에서 삼천대천세계를 두루 덮는 크고 성실한

大千世界하사 說誠實言하시나니 汝等衆

生아 當信是稱讚不可思議功德하는 一

切諸佛의 所護念經이니라

舍利弗아 西方世界에 有 無量壽佛과

無量相佛과 無量幢佛과 大光佛과 大

明佛과 寶相佛과 淨光佛과 如是等 恒

河沙數諸佛하사 各於其國에 出廣長

舌相하사 徧覆三千大千世界 說誠實

言하시나니 汝等衆生아 當信是稱讚不可思

음성으로 설하시기를, "너희 중생들아, 마땅히 불가사의한 공덕을 찬탄하며 모든 부처님께서 호념하시는 이 경을 믿으라."고 하시느니라.

사리불아, 서방세계에 계시는 무량수불·무량상불·무량당불·대광불·대명불·보상불·정광불 등 항하의 모래알 수만큼 많은 부처님들 또한 각기 그 국토에서 삼천대천세계를 두루 덮는 크고 성실한 음성으로 설하시기를, "너희 중생들아, 마땅히 불가사의한 공덕을 찬탄하며 모든 부처님께서 호념하

議^의功^공德^덕하는 一切諸佛^{일체제불}의 所護念經^{소호념경}이니라

舍利弗^{사리불}아 北方世界^{북방세계}에 有^유 燄肩佛^{염견불}과 最^최

勝音佛^{승음불}과 難沮佛^{난저불}과 日生佛^{일생불}과 網明佛^{망명불}과 如^여

是等恒河沙數諸佛^{시등항하사수제불}하사 各於其國^{각어기국}에 出^출

廣長舌相^{광장설상}하사 徧覆三千大千世界^{변부삼천대천세계}하사 說^설

誠實言^{성실언}하시나니 汝等衆生^{여등중생}아 當信是稱讚^{당신시칭찬}

不可思議功德^{불가사의공덕}하는 一切諸佛^{일체제불}의 所護念^{소호념}

經^경이니라

舍利弗^{사리불}아 下方世界^{하방세계}에 有^유 師子佛^{사자불}과 名^명

시는 이 경을 믿으라."고 하시느니라.

　사리불아, 북방세계에 계시는 염견불·최승음불·난저불·일생불·망명불 등 항하의 모래알 수만큼 많은 부처님들 또한 각기 그 국토에서 삼천대천세계를 두루 덮는 크고 성실한 음성으로 설하시기를, "너희 중생들아, 마땅히 불가사의한 공덕을 찬탄하며 모든 부처님께서 호념하시는 이 경을 믿으라."고 하시느니라.

　사리불아, 하방세계(下方世界)에 계시는 사자

聞佛과 名光佛과 達摩佛과 法幢佛과

持法佛과 如是等 恒河沙數諸佛하사

各於其國에 出廣長舌相하사 徧覆三千

大千世界하사 說誠實言하시나니 汝等衆

生아 當信是稱讚不可思議功德하는 一

切諸佛의 所護念經이니라

舍利弗아 上方世界에 有 梵音佛과 宿

王佛과 香上佛과 香光佛과 大燄肩佛과 雜

色寶華嚴身佛과 娑羅樹王佛과 寶華德

불·명문불·명광불·달마불·법당불·지법불 등 항하의 모래알 수만큼 많은 부처님들 또한 각기 그 국토에서 삼천대천세계를 두루 덮는 크고 성실한 음성으로 설하시기를, "너희 중생들아, 마땅히 불가사의한 공덕을 찬탄하며 모든 부처님께서 호념하시는 이 경을 믿으라."고 하시느니라.

사리불아, 상방세계(上方世界)에 계시는 범음불·숙왕불·향상불·향광불·대염견불·잡색보화엄신불·사라수왕불·보화덕불·견일체의불·여수미산불 등 항

佛과 見一切義佛과 如須彌山佛과 如是
等 恒河沙數諸佛하사 各於其國에 出廣
長舌相하사 徧覆三千大千世界하사 說
誠實言하시나니 汝等衆生아 當信是稱
讚不可思議功德하는 一切諸佛의 所護
念經이니라

十. 聞法信願分문법신원분

舍利弗아 於汝意云何오 何故 名爲一
切諸佛의 所護念經고

舍利弗아 若有善男子善女人이 聞是

하의 모래알 수만큼 많은 부처님들 또한 각기 그 국토에서 삼천대천세계를 두루 덮는 크고 성실한 음성으로 설하시기를, "너희 중생들아, 마땅히 불가사의한 공덕을 찬탄하며 모든 부처님께서 호념하시는 이 경을 믿으라."고 하시느니라.

十. 법을 듣고 믿어라

사리불아, 그대는 모든 부처님께서 이 경을 호념하시는 까닭이 무엇이라고 생각하느냐?

사리불아, 만약 이 경을 듣고 받아

經^경하고 受持者^{수지자}와 及聞諸佛名者^{급문제불명자}는 是諸^{시제}

善男子善女人^{선남자선여인}이 皆爲一切諸佛之所護^{개위일체제불지소호}

念^념하여 皆得不退轉於阿耨多羅三藐三^{개득불퇴전어아뇩다라삼막삼}

菩提^{보리}하리니

是故^{시고}로 舍利弗^{사리불}아 汝等^{여등}이 皆當信受我^{개당신수아}

語^어와 及諸佛所說^{급제불소설}이니라

舍利弗^{사리불}아 若有人^{약유인}이 已發願^{이발원}커나 今發^{금발}

願^원커나 當發願^{당발원}하여 欲生阿彌陀佛國者^{욕생아미타불국자}는

是諸人等^{시제인등}이 皆得不退轉^{개득불퇴전} 於阿耨多羅^{어아뇩다라}

지니거나 아미타불의 이름을 듣고 잊지 않는 선남자선여인은 모든 부처님의 호념하심을 받아 가장 높고 바른 깨달음(아뇩다라 삼먁삼보리)에서 물러나지 않게 되기 때문이니라.

그러므로 사리불아, 너희는 마땅히 나의 말과 모든 부처님의 말씀을 잘 믿고 받아 지닐지어다.

사리불아, 어떤 사람이 아미타불의 국토에 태어나기를 이미 발원하였거나 지금 발원하거나 장차 발원하게 되면, 그들 모두는 후퇴함이 없이 가장 높고

三藐三菩提하여 於彼國土에 若已生커나

若今生커나 若當生하나니

是故로 舍利弗아 諸善男子善女人이

若有信者는 應當發願하여 生彼國土니라

十一. 互讚感發分 호찬감발분

舍利弗아 如我今者에 稱讚諸佛不可

思議功德인듯하야 彼諸佛等도 亦稱讚

我 不可思議功德하사 而作是言하사대

釋迦牟尼佛이 能爲甚難希有之事하사

바른 깨달음을 향하여 나아가게 되며, 저 극락세계에 벌써 태어났거나 지금 태어나거나 장차 태어나게 되느니라.

그러므로 사리불아, 신심이 있는 선남자선여인 등은 마땅히 저 극락세계에 태어나기를 발원해야 하느니라.

十一. 제불들이 법을 듣고 찬탄하다

사리불아, 내가 지금 여러 부처님의 불가사의한 공덕을 찬탄하는 것과 같이 저 모든 부처님들 또한 나의 불가사의한 공덕을 칭찬하시나니라.

"석가모니불께서 심히 어렵고 드문

能^능於^어娑^사婆^바國^국土^토 五^오濁^탁惡^악世^세 劫^겁濁^탁 見^견濁^탁

煩^번惱^뇌濁^탁 衆^중生^생濁^탁 命^명濁^탁中^중에 得^득阿^아耨^녹多^다羅^라

三^삼藐^막三^삼菩^보提^리하사 爲^위諸^제衆^중生^생하사 說^설是^시一^일

切^체世^세間^간難^난信^신之^지法^법이라하시나니라

舍^사利^리弗^불아 當^당知^지하라 我^아於^어五^오濁^탁惡^악世^세에 行^행

此^차難^난事^사하여 得^득阿^아耨^녹多^다羅^라三^삼藐^막三^삼菩^보提^리하사

爲^위一^일切^체世^세間^간하여 說^설此^차難^난信^신之^지法^법이 是^시爲^위

甚^심難^난이니라

일을 하시나니, 시대가 탁하고〔劫濁〕 견해가 탁하고〔見濁〕 번뇌가 탁하고〔煩惱濁〕 중생이 탁하고〔衆生濁〕 생명이 탁한〔命濁〕 오탁악세(五濁惡世)의 사바세계에서 능히 가장 높고 바른 깨달음을 얻으신 다음, 모든 중생을 위하여 일체 세간이 믿기 어려운 이 법을 설한다."고.

사리불아, 마땅히 알아라. 여래가 오탁악세에서 어려운 일을 행하여 가장 높고 바른 깨달음을 얻어서, 일체 세간을 위해 믿기 어려운 법을 설하는 것은 결코 쉬운 일이 아니니라.

十二. 流通普度分유통보도분

佛說此經已이어늘 舍利弗과 及諸比丘와

一切世間의 天人 阿修羅等이 聞佛所

說하시고 歡喜信受하고 作禮而去하니라

十二. 유통하여 중생을 제도하다

부처님께서 이 경을 설하여 마치자 사리불과 여러 비구들, 일체 세간의 천인과 사람과 아수라 등이 부처님의 설법을 듣고는 믿고 받들고 환희하면서 예배를 하고 물러갔다.

'나무아미타불' 염불

나무 서방대교주 무량수여래불
나무아미타불 나무아미타불 나무아미타불…
(각자 형편에 맞게 횟수를 정하여 염송함)

(염불을 끝낸 다음)

아미타불 본심미묘진언
다냐타 옴 아리다라 사바하 (3번)

서방세계　안락국인　극락정토　계시면서
중생들을　맞이하여　인도하는　아미타불
제가이제　극락세계　태어나기　발원하니
자비로써　이중생을　섭수하여　주옵소서
제가이제　일심으로　귀명정례　하옵니다

稽首西方安樂刹　　계수서방안락찰
接引衆生大導師　　접인중생대도사
我今發願願往生　　아금발원원왕생
唯願慈悲哀攝受　　유원자비애섭수
故我一心 歸命頂禮　고아일심 귀명정례

어떤 이가 미타기도를 하면 좋은가

다음과 같은 원의 성취를 바랄 때 아미타경을 독송하고 아미타불 염불을 하면 좋습니다.

- 부모 및 친척 영가의 극락왕생을 기원할 때
- 내생에 자신이 극락정토에 태어나고자 할 때
- 아미타불의 무량한 빛이 충만하기를 원할 때
- 집안의 평온하고 복되고 안정된 삶을 원할 때
- 입시 등 각종 시험의 합격을 원할 때
- 구하는 바를 뜻대로 이루고자 할 때
- 각종 병환·재난·시비·구설수 등을 소멸시키고자 할 때
- 업장을 소멸시키고자 할 때
- 악몽·공포 등을 멀리 떠나고자 할 때
- 귀신의 장애를 물리치고자 할 때
- 영원히 평화롭고 행복하기를 원할 때
- 풍부한 자비심을 갖추고 마침내 성불하기를 원할 때

극락과 아미타불

1. 경전 속의 극락

『아미타경』의 주요 내용을 정리하면 다음과 같습니다

· 극락은 어디에 있고 왜 극락이라 하였는가?

· 극락의 아름다운 모습은 어떠한가?

· 극락인의 삶은 어떠한가?

· 극락조의 노랫소리는 팔정도 등의 법문을 설한다

· 극락의 가로수와 그물에서 나는 소리는 불·법·승 삼보를
생각하는 마음을 내게 한다

· '아미타'라는 명칭 속에 깃들어 있는 의미는?

· 아미타불 제자의 수효는?

· 극락의 중생은 모두가 불퇴전의 보살이다

· 극락세계에 왕생하기를 발원해야 하는 까닭은?

· 1일에서 7일 동안 일심으로 아미타불을 외우면 그가 임종할 때 아미타불께서 성중들과 함께 와서 극락으로 인도한다

· 시방 제불이 아미타경을 믿을 것을 설하고 계신다

· 극락에 태어나면 마침내 가장 높고 바른 깨달음을 성취하여 부처가 된다

· 이 경을 잘 믿고 받아 지니고 극락왕생을 발원하라 는 것 등입니다.

아미타불과 극락세계에 대해, 짧은 『아미타경』에서는 앞에서 정리한 바와 같이 매우 함축성 있게 설하고 있지만, 내용이 긴 『무량수경無量壽經』에서는 이들 내용을 보다 자상하게 열거하고 있습니다. 우리들의 신심을 북돋우기 위해 『무량수경』의 내용을 몇 가지로 나누어 정리해보고자 합니다.

1) 아미타불은 어떠한 부처님인가?
· 그 수명은 한량이 없다 〔壽命無量〕
· 무량광명으로 백천억 국토를 비춘다 〔光明無量〕
· 시방의 모든 부처님이 아미타불의 이름과 공덕을 찬탄한다 〔諸佛稱揚〕

2) 아미타불의 가피를 입게 되면

· 그 광명이 닿으면 몸과 마음이 부드럽고 깨끗해진다 〔觸光
柔軟〕

· 항상 청정한 행을 닦아 마침내 성불하게 된다 〔常修梵行〕

· 평등한 삼매를 얻고 수없는 부처님을 만나게 된다 〔住定具佛〕

· 불퇴전의 지위를 얻게 된다 〔得不退轉〕

· 무생법인과 깊은 지혜를 얻는다 〔聞名得忍〕

3) 극락은 어떤 세계인가?

· 지옥·아귀·축생 등 삼악도의 불행이 없다 〔無三惡趣〕

· 무수히 많은 성문들이 있다 〔聲聞無數〕

· 그 국토가 한없이 밝고 깨끗하다 〔國土淸淨〕

· 궁전·누각·냇물·화초·나무·온갖 물건이 모두 보배와 향으로 되어 있고 향기가 가득하여, 냄새를 맡은 이들 모두가 거룩한 부처님의 행을 닦게 된다 〔寶香合成〕

4) 누가 극락에 왕생하는가?

· 신심과 환희심으로 아미타불의 이름을 부르는 이는 반드시

왕생하게 된다 〔念佛往生〕
_{염불 왕생}

・염불을 하고 극락에 태어나기를 원하는 이는 임종 시에 아미타불이 대중들과 함께 가서 그 사람을 영접한다 〔臨終現前〕

・아미타불의 이름을 듣고 극락을 사랑하여 십선 등의 공덕을 닦는 이는 반드시 왕생한다 〔植諸德本〕

5) 극락에 왕생하는 이가 누리는 행복은?

・수명이 한량이 없다 〔眷屬長壽〕

・32가지 좋은 상호를 갖춘다 〔三十二相〕

・시방세계 부처님들의 세계를 모두 볼 수가 있다 〔見諸佛土〕

・다시는 나쁜 세상에 떨어질 염려가 없다 〔不更惡趣〕

・모두가 훌륭한 몸을 가지고 있기에, 잘난 이와 못난 이가 따로 없다 〔無有好醜〕

・모두가 육신통을 얻는다 〔得六神通〕

・금생에서 물러남이 없는 정정취에 들어 가며, 마침내 성불하게 된다 〔必至滅道〕

・지혜와 변재가 무궁무진해진다 〔智辯無窮〕

・스스로가 일체의 지혜 법문을 설할 수 있게 된다 〔說一切智〕

- 몸에서는 황금빛 광채가 난다 〔悉皆金色〕
- 사용하는 물건은 모두가 아름답고 화려하다 〔所須嚴淨〕
- 아름다운 옷이 저절로 입혀진다 〔衣服隨念〕
- 즐거움만 누릴 뿐, 다시는 번뇌와 집착이 일어나지 않는다
〔受樂無染〕

이상에서 살펴본 바와 같이 아미타불은 한없이 거룩한 분이요, 그 분이 계신 극락은 성불이 절대적으로 보장되어 있는 나라, 지극한 행복과 즐거움만이 가득한 나라입니다. 바로 이러한 아미타불을 믿고 극락이라는 나라에 태어난다는 것! 이것을 일깨워주는 경전이 『아미타경』이요, 『무량수경』입니다.

2. 현세와 내생을 모두 극락으로

그런데 대부분의 사람들은 '아미타불'이라고 하면 죽은 다음의 내생來生을 떠올립니다. 죽은 다음 서방극락세계에 태어나기 위해 찾아야 하는 분이 아미타불이요, 그렇기 때문에 늙으막에나 '나무아미타불'을 염원하면 족하리라 생각합니다.

그러나 아미타불은 내세만을 위한 부처님이 아니요, 극락은 서방에만 존재하는 것이 아닙니다. 이는 '아미타불'이라는 명칭을 통해서도 능히 알 수 있습니다.

아미타불阿彌陀佛의 '아미타'를 범어로 표기하게 되면 아미타유스Amitayus · 아미타바Amitabha의 두 가지로 쓰여집니다. 이중 아미타유스는 무량한 수명을 뜻하는 '무량수無量壽'로 번역되고, 아미타바는 무량한 빛을 뜻하는 '무량광無量光'으로 번역됩니다.

이 '무량수 · 무량광'은 아미타부처님께만 있는 것이 아닙니다. 나에게도 있습니다. '나' 속에 감추어져 있는 영원한 생명력이 무량수요, '나' 스스로가 능히 발현시킬 수 있는 밝고 맑은

작용이 무량광입니다.

실로 아미타불은 무량한 빛 그 자체의 부처님[無量光佛]이요, 무량한 수명 그 자체의 부처님[無量壽佛]입니다. 일찍이 나를 떠나지 않았던 그 빛, 영원히 우리와 함께 하는 불멸의 생명력을 간직한 분이 아미타부처님인 것입니다.

그러한 아미타부처님께서는 아주 오래 전에 지극한 원願을 발하였고, 지혜로운 수행 끝에 고통이 전혀 없는 행복한 세계를 만들게 됩니다. 그 세계가 무엇인가? 바로 고뇌하는 중생의 영원한 피안인 극락極樂입니다.

극락! 그곳에는 우리의 생각을 뛰어넘은 빛이 있고, 생명이 있고, 행복이 있고, 자유가 있고, 해탈이 있습니다. 아미타부처님의 끝없는 설법이 펼쳐지고 있는 그곳에 태어나는 자는 모두가 성불成佛을 보장받게 되어 있습니다. 극락은 그토록 좋은 곳입니다.

그럼 아미타불께서 이룩하신 그 극락은 죽은 이라야만 갈 수 있는 곳인가? 아닙니다.

미타정토신앙은 내생의 극락왕생만을 위한 믿음이 결코 아닙니다. 현세에서도 행복하게 살고, 내생에서도 지극한 행복

[極樂]을 만끽하며 살도록 하기 위한 가르침이 미타정토신앙입니다.

아미타 염불 영험담을 살펴보면, 한평생을 아미타불의 자비광명 속에서 평온하고 행복하게 살다가, 수명이 다한 다음에 극락왕생하였다는 이야기가 너무나 많습니다. 또 현실적인 고난과 불행을 '아미타불' 염불을 통하여 극복하고, 행복과 성공, 소원성취를 하였다는 영험담도 매우 흔합니다.

꼭 마음에 담아 두십시오. 미타신앙은 현세와 내세의 행복을 함께 보장해주는 신앙입니다. 어찌 우리의 짧은 소견으로 마음대로 생각하여 아미타불의 무량한 가피를 팽개치고 살 것입니까?

현생과 내생 모두 극락 속의 삶을 영위하고자 한다면 깊이 아미타불을 믿고, 아미타불의 무량한 생명력과 무량한 빛을 '나'의 것으로 만들어야 합니다.

우리가 지금 이 자리에서 아미타불을 염하며 영원한 생명력을 찾고 다함 없는 빛으로 살아가면, 틀림없이 현세와 내생의 행복과 자유를 누릴 수 있습니다.

주저 없이 아미타경을 독송하고 '나무아미타불'을 염하십시오. 분명, 아미타불의 빛은 '나'의 빛이 되고, 지금 이 자리에서 극락을 '나'의 것으로 만들어 갈 수 있습니다. 꼭 믿어 지니고 받들어 행하시기를 두손 모아 축원드립니다.

나무서방극락교주아미타불.

아미타경의 독송과 염불법

1. 아미타경을 독송하는 방법

1) 경문을 읽기 전에

① 먼저 3배를 올리고 '아미타불이시여, 감사합니다. 감사합니다. 감사합니다.'를 세 번 염한 다음, 아미타경을 펼쳐 들고 축원부터 세 번 하여야 합니다.

· 대자대비하신 아미타불이시여, 세세생생 지은 죄업을 모두 참회합니다. (3번)

· 이제 아미타경을 읽는 공덕을 선망조상과 유주무주 영가의 천도, 그리고 일체중생의 행복을 위해 바칩니다. (3번)

· 또한 저희 가족 모두가 평화롭고 건강하며, 하는 일이 모두 순탄하여지이다. (3번)

이렇게 기본적인 축원을 하고, 꼭 성취되기를 바라는 일이 있으면 추가로 축원을 하십시오. 이 경우에는 각자의 원願에 맞게 적당한 문구를 만들어, 이 책 7p에 있는 기도 발원문란에 써 놓고 축원을 하는 것이 좋습니다.

② 축원을 한 다음 9p의 순서대로 '나무서방극락교주아미타불'을 세 번 염한 다음, 「개경게」와 「개법장진언」 '옴 아라남 아라다'를 염송하며, 개법장진언 다음에는 '나무불설아미타경'을 세 번 외웁니다.

2) 경문을 읽을 때
① 먼저 한 가지 참고사항을 말씀드리겠습니다.

이 책 좌측에는 한문 원문을, 우측에는 한글 번역문을 배치하여, 한문 독송 및 한글 독송을 모두 할 수 있게 만들었습니다.

그러나 한문이 능하지 않은 분 중에 한문으로 읽기를 원하는 분은, 먼저 한글 번역본을 꾸준히 읽다가, 한글과 원문을 대조하며 읽고, 내용이 완전히 익어지면 한문으로 읽으면 좋습니다.

그리고 독송 시에는 후대에 정한 고딕체의 소제목(예 : 一 法會衆證分, 一 법회를 열다)과 괄호 안의 주는 읽지 않고 원래의 경문만 읽으면 됩니다.

② 아미타경을 읽을 때는 반드시 '나' 스스로에게, 그리고 법계의 중생들에게 들려준다는 자세로 정성껏 읽어야 합니다. 절대로 '그냥 한 편을 읽기만 하면 된다'는 마음으로 형식적으로 읽어서는 안 됩니다. 스스로 뜻을 새기고 이해를 하며 읽는 것이 무엇보다 중요하다는 것을 꼭 명심하시기 바랍니다.

③ 그리고 마지막으로 아미타경을 다 읽었으면 다음의 회향축원을 세 번 하여야 합니다.

"이 경을 읽은 공덕을 온 법계와 일체중생의 극락왕생과 발보리심과 해탈과 행복에 회향하옵니다. 아울러 저희의 지은 업장이 모두 소멸되고 사후에 모두 극락왕생하여 위없는 깨달음을 이루어지이다."(3번)

꼭 아미타경을 읽은 공덕을 회향하여 마음 밭에 새로운 씨를 심으시기 바랍니다.

3) 독송의 기간 및 횟수

현실 속의 **고난 퇴치나 소원의 성취를 목적**으로 아미타경을 읽을 때는 **최소한 21일**은 독송하여야 하며, 원에 따라 백일기도, 천일기도를 행하도록 합니다.

옛 어른들 중에는 극락왕생 및 집안의 평안과 명훈가피를 기원하며 평생을 독송한 이가 많았습니다. 그리고 사찰에서는 만일미타도량을 열어 30년 동안 계속 기도를 하였으며, 지금도 몇몇 사찰에서 만일미타도량을 개설하고 있습니다.

하루의 독송 횟수는 최소한 1독은 하여야 하고, 하루 여러 번 읽어도 좋으며, **총 3백 독에서 1천 독**을 채울 것을 권하고 싶습니다. 3백 독 내지 1천 독을 하게 되면 아미타불의 자비와 저절로 함께하게 되고, 그 자비 속에서 하루하루가 행복하고 좋은 날로 바뀌게 되기 때문입니다.

이에 이 책의 뒤에 1독 할 때마다 1칸씩 채워 1천 독 한 것을 표기할 수 있도록 1천 칸을 마련해 두었습니다.

그러나 사람에 따라 형편과 능력이 다를 것이므로 스스로 독송 기간과 횟수를 잘 선택하여 기도하도록 하십시오. 만일 시간이 많지 않은 사람은 하루에 경의 반만을 읽어도 좋으니, 꾸준히 하여 스스로가 정한 횟수를 채우기 바랍니다. 단, 한번 정하였으면 아주 특별한 일이 일어나지 않는 이상 변경하지 않는 것이 좋습니다.

아미타경을 여법하게 독송하시기를 축원드립니다.

2. '나무아미타불' 염불법

아미타경을 통하여 아미타불의 대자비와 대위신력을 마음에 담은 불자는 곧바로 '나무아미타불'을 외우며 아미타불의 가피를 담는 염불을 함께 행하는 것이 매우 좋습니다.

'염불念佛'은 일반적인 뜻은 '입으로 부처님이나 보살님의 명호를 외우면서 마음으로 불보살님을 생각을 하는 것'입니다.

염불의 '염念'은 팔리어 '사티satti'를 옮긴 말로써, 그냥 단순하게 생각하는 것이 아니라 '집중한다'는 뜻을 지니고 있습니다. 곧 부처님을 향해 마음을 집중시켜 번뇌와 망상을 가라앉히고, 모든 괴로움에서 벗어나 깨달음을 이루는 것이 염불입니다.

다시 말하면 '염불'은 늘 부처님을 생각하는 것으로, 우리가 잊지 않고 부처님을 생각하게 되면 스스로의 참마음이 열리면서 언제나 향기가 감돌고 행복과 평화가 충만하게 되는 것입니다.

이 염불은 어떤 사람이든 가장 쉽게 접근할 수 있고 가장 쉽게 행복을 이룰 수 있게 하는 기도법으로, 염불의 종류에는 수십 가지가 있습니다.

하지만 염불을 하는 방법의 측면에서 구분하면 크게 칭명염불稱名念佛·관상염불觀想念佛·실상염불實相念佛의 세 종류로 나눌 수 있습니다.

여기에서는 실천하기 쉬운 칭명염불과 관상염불에 대해서만 이야기하겠습니다.

1) '나무아미타불'의 명호를 입으로 외우는 칭명염불의 요령

염불법 중에서 가장 쉬운 칭명염불의 방법은 매우 간단합니다. 입으로 '나무아미타불'을 끊임없이 외우면 됩니다.

그럼 입으로 '나무아미타불'을 외울 때 어떤 요령으로 외워야 하는가?

이에 대해서는 정해진 방법이 따로 없습니다.

'나무아미타불'을 입으로 외우라 했다고 하여 반드시 입 밖으로 소리가 나와야 하는 것은 아닙니다. 때로는 크게 할 수도

있고, 때로는 작게 할 수도 있으며, 때로는 혼자만의 속삭임처럼 '나무아미타불'을 외울 수도 있습니다. 마음이 답답하거나 다급한 일이 있다면 큰 소리로, 또는 절을 하면서 행할 수도 있습니다.

또한, "큰 소리로 염불을 하면 열 가지 공덕이 있다"는 말을 듣고 일부러 큰 소리로 염불을 하는 불자들도 있습니다. 그러나 공덕의 크고 작음은 마음을 얼마나 잘 모으고 염불하느냐에 달려 있는 것일 뿐, 소리의 크고 작음과는 별 관계가 없습니다.

그리고 때로는 소리를 크게 냄으로써 주위 사람들의 반감을 불러일으키는 경우도 있으므로, 처한 환경에 따라 소리의 강약을 조절하는 것이 좋습니다.

모름지기 '나무아미타불'을 외우는 염불 소리는 끊임없이 이어지도록 하는 것이 최상입니다. 남이 듣는 소리로써가 아니라, '나' 속에서 끊임없이 이어지면 됩니다.

가장 요긴한 방법은 **내가 입으로 외우는 '나무아미타불' 소리를 내 귀가 듣고 있어야 한다**는 것입니다. 내 염불 소리를 내

귀가 듣고 있으면 아무리 작은 소리로 외워도 상관이 없습니다.

이렇게 내가 외우는 소리를 내 귀로 들으면서 염불을 하면, 마음으로 부처님을 생각하는 것〔念佛〕이 되고, 부처님의 명호를 온몸으로 듣는 것이 됩니다. 곧 몸과 말과 마음을 함께 모아 염불을 할 수 있게 되는 것입니다. 이는 염불에 있어 참으로 중요한 점이니 꼭 기억하시기 바랍니다.

속으로 염불을 할 때도 마찬가지입니다. 내가 속으로 외우는 염불 소리를 내 귀가 듣도록 마음을 모아야 합니다.

또 한 가지, **매우 다급한 일이 일어났을 때 염불을 하는 분께** 당부드리고 싶은 것이 있습니다. 그것은 그 일이 다급한 만큼 염불도 열심히 몰아붙이지 않으면 안 된다는 것입니다.

참으로 애가 타고 애간장이 녹아날 것 같은 이라면, 이것저것 생각할 겨를이 없습니다. 그야말로 배고픈 아이가 어머니를 찾듯이, 목마른 이가 물을 찾듯이, 중병을 앓는 이가 용한 의사를 찾듯이 간절한 마음으로 '나무아미타불'을 찾아야 합니다.

적당하고 형식적인 염불로는 안 됩니다. 지극하게 매달려야 합니다. 진한 땀이 흘러나오고 눈물이 쏙 빠지도록 열심히 염하게 되면 아무리 급한 일이라도 채 며칠이 지나지 않아 해결을 볼 수 있게 됩니다.

2) 아미타불을 생각하는 법

'아미타불을 생각하라' 함은 관상觀想을 하라는 것입니다.

'나무아미타불' 염불을 할 때 아미타불을 염念하라고 하면, 사람마다 제 나름대로 생각하게 됩니다. 그러나 '염念'을 보다 정확히 해석하면 눈으로 보는 것이 아니라, **'마음으로 보는 관觀'을 하며 생각하라**는 것입니다.

간단히 말해 입으로 끊임없이 아미타불을 외우면서 아미타불의 모습을 떠올려야 합니다. 하지만 부처님의 모습을 그냥 단순히 그려보는 것이 아니라, '나' 또는 가피를 입었으면 하는 대상이 아미타불의 광명을 듬뿍 받고 가피를 받는 등의 모습을 떠올려야 합니다.

한 예로서, 부모가 자녀의 성공을 바라며 아미타불 기도를 올린다고 합시다. 이때 부모는 입으로 끊임없이 아미타불을 부르면서, 아미타불의 몸에서 나오는 자비광명이 자녀를 비추고 있는 듯한 모습을 떠올려야 합니다.

그렇게 하면 아미타불의 밝은 가피가 자녀에게로 바로 향하게 되어, 자녀는 마음의 평온과 함께 학업 성취 등의 좋은 결실을 맺을 수 있게 되는 것입니다.

특히 가족끼리는 뇌파 작용이 어느 누구보다도 강하기 때문에, 이렇게 관상을 하며 염불을 하면 아미타불의 자비광명이 훨씬 빨리 전달됩니다.

실로 밝은 광명을 받게 되면 어둠의 장애가 사라지기 마련이요, 장애가 없으면 뜻대로 이룰 수 있음이 자명한 이치이지 않습니까!

'나'에게 장애가 있거나 이룰 일이 있을 때에도, '나'에게로 아미타불의 대자비광명이 쏟아져 내리는 모습을 관하면서 염불을 해보십시오. 참으로 아미타불의 무한자비와 불가사의한 힘을 느끼게 될 것입니다.

저는 기도법을 묻는 사람들에게 이 방법을 많이 일러줍니다. 몸이 아픈 사람, 자식 걱정이 많은 사람, 사랑을 갈구하는 사람, 시험에 합격하기를 바라는 사람, 직장을 얻고자 하는 사람, 돈 때문에 고민하는 사람 등….

그런데 묘하게도 '이와 같은 방법으로 기도를 하였더니 소원대로 되었다'는 분들이 많았습니다.

왜 이렇게 기도를 하면 가피를 빨리 입게 되는 것일까?

바로 집중이 잘 되기 때문입니다. 아미타불의 자비광명이 가피를 입을 대상에게로 향하도록 하면서 입으로 '아미타불'의 명호를 끊임없이 부르면, '아미타불'과 아미타불을 부르는 '나'와 '가피를 입을 자 또는 일'이 하나를 이루게 됩니다. 곧 삼위일체가 되는 것입니다. 자연 단순히 명호만 외우는 염불보다 마음이 훨씬 더 잘 모여지게 됩니다.

모름지기 기도를 할 때 집중이 잘 되면 마음이 고요해지고, 고요해지면 맑아지고, 맑아지면 밝아져서 마침내 지혜의 빛이 뿜어져 나오게 됩니다.

이렇게 지혜의 빛이 뿜어져 나오는데, 그때가 되면 녹아내리지 않을 업장이 어디에 있고 이루지 못할 소원이 어디에 있겠습니까?

염불기도를 끝낼 때는 '감사합니다'

아미타경을 읽고 '나무아미타불'을 염한 다음 염불을 끝낼 때는 다시 축원을 해야 합니다. 곧 '아미타경 독송 발원문'에 써 놓은 것을 세 번 읽으면 됩니다.

그리고 마지막으로 **'감사합니다, 아미타불이시여. 저희의 소원을 이루어 주셔서 감사합니다'** 등의 속삭임이 한동안 이어지도록 하면 좋습니다. 왜냐하면 감사를 느낄 때 대우주의 성취 파장이 가장 빨리 다가오기 때문입니다.

이에 대해 누군가는 의문을 일으킬 것입니다.

"현재 이루어지지도 않았는데 왜 '이루어 주셔서 감사하다'라고 하지?"

그렇습니다. 너무나 당연한 의문입니다. 그러나 이 또한 기도의 한 방법입니다. 미래의 성취를 이미 이룬 과거형으로 바꿈으로써 틀림없는 성취를 이끌어 내는 것입니다.

이상의 기도를 잘 행하여 모든 불자들이 아미타불의 가피를

입고, 자비와 지혜와 평화와 대행복이 충만된 삶을 만끽할 수
있게 되기를 깊이깊이 축원드립니다.

　　나무 무량수 무량광 아미타불.

내가 확인하는 독경 횟수

									10		
						20					
			30								
									50		
							100				
						150					
			200								

		250									
300											
									350		
							400				
					450						

					500							
			550									
	600											
												650
										700		

								750			
					800						
			850								
		900									
950											
										1000	

한글 큰활자본 기도 독송용 경전 (책 크기 4×6배판)

법화경 (양 장 본) / 김현준 역	520쪽 25,000원
법화경 (무선제본) / 김현준 역	전3책 550쪽 22,000원

불교 최고 경전인 법화경을 독송하면 소원성취는 물론 깨달음과 경제적인 풍요까지 안겨줍니다.

법화경을 독송하고 사경하면 부처님과 대우주법계의 한량없는 가피가 저절로 찾아들어 업장소멸은 물론이요 갖가지 소원을 두루 성취할 수 있습니다. 특히 밝은 지혜를 얻고 크게 향상하게 되며 경제적인 풍요와 사업의 번창·입시등 각종 시험의 합격 및 승진이 쉬워지고 가족 모두가 평온하고 복된 삶을 누리며, 병환·재난·가난 등 현실의 괴로움이 소멸되고 부모 친척 등의 영가가 잘 천도되며 구하는 바가 뜻과 같이 이루어집니다.

지장경 / 김현준 편역	208쪽 8,000원

지장기도를 하는 분들을 위해 ① 지장경을 처음부터 끝까지 1번 독송 ② '나무지장보살'을 천번염송 ③ 지장보살예찬문을 외우며 158배, ④ '지장보살'천번 염송의 4부로 나누어 특별히 만들었습니다.
지장경 독경 및 지장보살예참과 염불을 할 때, 각 장 앞에 지시된 기도법에 따라 기도를 하게 되면, 지장보살의 가피 속에서 틀림없이 영가천도·업장소멸·소원성취·향상된 삶을 이룩할 수 있게 됩니다.
이 두 책의 내용은 같으며, 활자 및 책크기만 다릅니다.

한글 금강경 / 우룡스님 역　112쪽 5,000원
책 크기만큼 글씨도 크게 하고 한자 원문도 수록하였으며, 독송에 관한 법문도 첨부하였습니다. 사찰 및 가정에서의 독송용으로 매우 좋습니다.

원각경 / 김현준 편역　192쪽 8,000원
중생이 부처가 되려면 어떻게 해야하는지를 설한 경전. 한국불교 근본 경전 중 하나로, 수십 차례 번역·수정·윤문하여 쉽게 이해할 수 있도록 하였습니다. 한글과 원문을 대조하면서 읽을 수 있게 하였습니다.

유마경 / 김현준 역　296쪽 12,000원
보살의 병은 어디서 오는가? 불도란 어떤 것인가? 깨달음의 세계로 들어가는 불이법문, 참된 불국토를 건설하는 방법 등등 매우 소중한 가르침들을 가득 담고 있으며, 읽다보면 눈이 번쩍 뜨이고 마음이 탁 트입니다.

승만경 / 김현준 편역　144쪽 6,000원
여인의 성불 수기와 함께 승만부인의 서원, 정법을 나의 것으로 만드는 법, 번뇌·법신·일승·사성제·자성청정심에 대해 쉽고도 분명하게 밝혀 불자의 삶과 수행을 바른길로 이끌어주고 있습니다.

무량수경 / 김현준 역　176쪽 7,000원
아미타불은 어떠한 분이며, 극락에는 어떠한 장엄과 멋과 행복이 갖추어져 있는가? 극락에 왕생하려면 이 현생에서 어떠한 삶을 살아야 하는가를 자상하게 묘사하고 있어, 독송을 하면 신심이 저절로 우러납니다.

밀린다왕문경 / 김현준 편역 신국판 204쪽 7,000원
그리스 왕인 밀린다와 불교 승려인 나가세나가 인생과 불교에 대해 대론한 것을 정리한 경전. 어렵고 난해한 불교교리들을 쉽고도 명쾌하게 밝혀주고 있어 현대인들에게 그 가치를 크게 인정받고 있습니다.

한글 약사경 / 김현준 편역　100쪽 4,000원
아주 큰 활자로 약사경 한글 번역본을 만들었습니다. 약사경 독경 방법 및 약사염불법도 함께 실어 기도에 도움이 되도록 하였습니다.

한글 관음경 / 우룡스님 역　96쪽 4,000원
커다란 글씨의 관음경 해설과 함께 관음경의 원문과 독송법, 관음 염불 방법 등을 수록하여 관음경의 가르침을 쉽게 이해하도록 하였습니다.

한글 보현행원품 / 김현준 편역　112쪽 5,000원
보현행원품과 예불대참회문을 함께 실어 독경 후 행원품에 근거한 전통적인 108배를 행할 수 있도록 만들었으며, 대참회의 의미도 상세히 설명하였습니다.

천지팔양신주경 / 김현준 역　96쪽 4,000원
집마련·결혼·출산·사업·죽음 등 평생의 삶 중에서 중요한 때마다 이 경을 3~7번 독송하면 크게 길하고 이롭고 장수하고 복덕을 갖추게 된다고 하여, 옛부터 많은 이들이 읽으며 기도하고 있습니다.

아름다운 우리말 경전 (휴대용 국반판)

①	금강경	우룡스님 역	100쪽	2,500원
②	부모은중경	김현준 역	100쪽	2,500원
③	관음경	우룡스님 역	100쪽	2,500원
④	초발심자경문	일타스님 역	100쪽	2,500원
⑤	지장경	김현준 역	196쪽	4,000원
⑥	약사경	김현준 편역	100쪽	2,500원
⑦	보현행원품	김현준 편역	100쪽	2,500원
⑧	유교경	일타스님·김현준 편역	100쪽	2,500원
⑨	아미타경	김현준 편역	100쪽	2,500원
	법요집	불교신행연구원 편	100쪽	2,500원

영험 크고 성취 빠른 각종 사경집 (책 크기 4×6배판)

※ 정성껏 사경하면 큰 가피가 저절로 찾아들고, 업장참회는 물론이요 쉽게 소원을 성취할 수 있습니다. 각 책마다 사경의 방법을 자세하게 설명해 놓았습니다.

광명진언 사경 가로·세로쓰기
　　　(1책으로 1080번 사경) 128쪽 5,000원
모든 불보살님의 총주總呪인 광명진언을 사경하면 그 가피력은 이루 다 말할 수 없을 정도입니다. 하루 108번씩 100일 동안 사경을 행하면 우리에게 크나큰 성취를 안겨주고 심중의 소원이 잘 이루어집니다.

금강경 한글사경 (1책 3번 사경)　144쪽 6,000원
금강경 한문사경 (1책 3번 사경)　144쪽 6,000원
금강경 한문한글사경 (1책 1번 사경) 100쪽 4,000원
가장 요긴한 금강경을 사경해 보십시오. 업장소멸과 함께 큰 깨달음과 좋은 일들이 저절로 다가옵니다.

반야심경 한글사경 (1책 50번 사경) 116쪽 5,000원
반야심경 한문사경 (1책 50번 사경) 116쪽 5,000원
반야심경을 사경하면 호법신장이 '나'를 지켜주고 공의 도리를 깨달아 평화롭고 안정된 삶이 함께합니다.

법화경 한글사경 (전5책) 권당 5,000원 총 25,000원
법화경을 사경하면 부처님과 대우주법계의 한량없는 가피가 저절로 찾아들어 소원성취·영가천도는 물론이요 깨달음과 경제적인 풍요까지 안겨줍니다.

아미타경 한글사경(1책으로 7번 사경) 116쪽 5,000원
아미타경을 쓰면 망인의 극락왕생과 본인의 극락왕생을 위해 미리 닦는 효과를 거둠은 물론, 아미타불의 자비광명 속에서 행복을 누리며 살 수 있습니다.

약사경 한글사경 (1책 3번 사경)　112쪽 4,000원
약사경을 사경하면 약사여래의 가피가 저절로 찾아들어, 병환의 쾌차, 집안 평안, 업장소멸을 비롯한 갖가지 소원을 쉽게 성취할 수 있습니다.

관음경 한글사경 (1책 5번 사경)　112쪽 5,000원
관음경을 사경하면 가피가 한량이 없고 늘 행복이 함께 합니다. 학업성취·건강쾌유·자녀의 성공·경제 문제 등에도 영험이 매우 큽니다.

천수경 한글사경 (1책 7번 사경)　112쪽 5,000원
천수경을 사경하고 독송하면 천수관음의 가피가 저절로 찾아들어, 업장 및 고난의 소멸과 갖가지 소원을 쉽게 성취할 수 있습니다.

신묘장구대다라니 사경 (1책 50번 사경)　5,000원
대다라니를 사경하면 관세음보살님과 호법신장들이 '나'와 주위를 지켜주고 소원성취와 동시에, 행복하고 자비심 가득한 마음을 가질 수 있도록 해줍니다.

지장경 한글사경 (1책 1번 사경)　144쪽 6,000원
지장경을 사경하고 영가천도는 물론이요, 각종 장애가 저절로 사라지고 심중의 소원이 성취됩니다. 백일 또는 49일 동안의 사경기도를 감히 권해 봅니다.

보현행원품 한글사경 (1책 3번 사경) 120쪽 5,000원
행원품을 사경하면 자리이타의 삶과 업장 참회, 신통·지혜·복덕·자비 등을 빨리 이룰 수 있고 세세생생 불법과 함께 하며 보살도를 성취할 수 있습니다.

보왕삼매론 사경 (1책 50번 사경)　120쪽 5,000원
보왕삼매론을 사경하면 생활 속의 걸림돌이 디딤돌로 바뀔 뿐 아니라 고난이 사라져 하루하루가 편안해집니다.

아미타불 명호사경 (1책으로 5천4백번 사경)　　　160쪽 6,000원
관세음보살 명호사경 (1책으로 5천4백번 사경)　　112쪽 5,000원
지장보살 명호사경 (1책으로 5천번 사경)　　　112쪽 5,000원
'아미타불' 또는 '관세음보살'이나 '지장보살'의 명호를 쓰면서 입으로 외우고 마음에 새기면, 불보살님의 가피를 입어 몸과 마음이 큰 변화를 이루고, 정토왕생 및 마음속의 원을 능히 성취할 수 있습니다.

화엄경약찬게 사경 (1책 12번 사경) 112쪽 5,000원
화엄경약찬게를 쓰면 화엄경 한 편을 읽는 것과 같은 공덕이 생긴다고 하였습니다. 약찬게를 써 보십시오. 수많은 가피가 함께 찾아듭니다.

천지팔양신주경 사경 (1책 3번 사경) 112쪽 5,000원
옛부터 건축·결혼·출산·사업·죽음 등 평생의 삶 중에서 중요한 때마다 읽고 쓰면 크게 길하고 이롭고 장수하고 복덕을 갖추게 된다고 전해지고 있습니다.

자비도량참법 / 김현준 역　　　　　　　　양장본 528쪽 25,000원
참되이 참회하시기를 원하십니까? 자비도량 참법 기도를 하십시오. 나의 허물과 죄업의 참회에서 시작하여 부모 스승 친척 등 육도 속을 윤회하는 온 법계 중생의 업장과 무명까지 모두 소멸시켜줍니다. 이 참법을 행하다 보면 저절로 참회의 마음이 깊어지고 자비가 충만하여지고 환희심이 넘쳐나게 됩니다.

기도 및 49재 법보시용으로 좋은 책 (책 크기 신국판)

광명진언 기도법 / 일타스님·김현준　180쪽 6,000원
광명진언 속에 새겨진 참의미와 바른 기도법, 빠른 기도성취법 등을 자상하게 설하고, 유형별 기도성취 영험담을 다양하게 수록하였으며, 누구나 보기 쉽도록 큰활자로 발간하였습니다. 광명진언을 외우면 행복과 평화, 영가천도, 소원성취를 이룰 수 있습니다.

신묘장구대다라니 기도법 / 우룡스님·김현준 7,000원
신묘장구대다라니를 외우면 생겨나는 가피와 공덕, 기도의 방법과 주의할 점, 우룡스님이 들려주는 14편의 영험담, 대다라니의 근본경전인 『무애대비심다라니경』을 수록하고 있는 이 책을 읽고 자신있게 기도하면 심중 소원의 성취와 기적같은 체험도 할 수 있습니다.

생활 속의 기도법 / 일타스님　160쪽 6,000원
불교계 최대의 베스트셀러! 누구나 처할 수 있는 여러 가지 상황에 따른 구체적인 기도방법에서부터 특별기도성취법·영가천도기도법·기도할 때 지녀야 할 마음가짐까지, 자상한 문체로 예화를 섞어 쉽고 재미있게 엮었습니다.

참 회 / 김현준　4×6판 160쪽 5,500원
불교의 참회는 잘못을 뉘우치고 용서를 받는 차원을 넘어 영원한 자유와 행복을 얻는 깨달음을 목표로 하고 있습니다. 참회의 끝은 해탈입니다. 대해탈입니다. 이제 이 책 속으로 들어가 참회의 방법과 해답을 찾고 참회를 통하여 평안을 얻고 향상의 길로 나아갑시다.

영가천도 / 우룡스님　160쪽 6,000원
돌아가신 영가를 천도해 드렸습니까? 영가천도의 필요성과 기본자세, 염불·독경·사경을 통한 영가천도, 49재, 낙태아 천도 등을 우룡스님의 자상한 법문으로 알기 쉽게 풀어드립니다.

불교의 자녀사랑 기도법 / 김현준　160쪽 6,000원
자녀들을 정말 잘 사랑할 수 있는 방법을 부처님의 가르침에 의지하여 쓴 책입니다. 자녀 교육 방법, 자녀를 위한 기도법과 함께 부모님께 효도해야 하는 까닭도 수록하였습니다.

화엄경 약찬게 풀이 / 김현준　216쪽 8,000원
한량없는 공덕이 담겨 있는 화엄경 약찬게. 그러나 그냥 읽을 때는 무슨 내용이고 무슨 뜻인지를 알 수가 없는데, 이를 쉽고도 재미있게 풀이하였습니다.

기도 이야기 / 우룡스님　204쪽 7,000원
총 6장 45편의 다양한 이야기가 수록된 이 책을 읽고 기도하면 감응의 길이 열리면서 심중소원을 성취하게 됩니다. 또 이야기 끝에 붙인 스님의 해설을 통하여 올바른 기도법을 알 수 있게 됩니다.

기 도 祈禱 / 일타스님　240쪽 9,000원
총 6장 52편의 다양한 기도성취 영험담 모음집. 이 책을 읽다 보면 기도를 통해 틀림없이 부처님의 가피를 입을 수 있음을 확신할 수 있고, 올바른 기도법과 함께 기도성취의 지름길을 알 수 있습니다.

기도성취 백팔문답 / 김현준　240쪽 9,000원
기도에 대한 정의·기도와 믿음·업장소멸의 방법·꾸준한 기도의 효험·원을 세우는 법·죽원법·각종 기도가피와 기도성취의 시기 등 기도에 관한 궁금증들을 문답 형식으로 자상하게 풀이하였습니다.

참회와 사랑의 기도법 / 김현준　192쪽 7,000원
참회를 해야 하는 까닭, 절·염불·주력 참회법, 가족을 향한 참회법 등에 대해 기간·장소·시간·자세·축원의 내용까지 상세하게 설하고 있으며, 백중기도에 대한 글을 함께 싣고 있습니다.

미타신앙·미타기도법 / 김현준　160쪽 6,000원
아미타불과 극락의 참 모습, 칭명염불·오회염불·관상염불·천도염불 등의 각종 염불수행법과 함께 임종하는 이를 위한 의식과 49재 기간의 행법 등을 자세히 밝히고 있습니다.

관음신앙·관음기도법 / 김현준　240쪽 9,000원
관음신앙의 뿌리, 관세음보살의 구원능력, 주요 경전 속의 관음관, 자비관음의 여러 모습, 일념염불·독경사경·다라니 염송을 통한 관음기도법 등을 자세하게 풀이하였습니다.

지장신앙·지장기도법 / 김현준　192쪽 7,000원
대원본존 지장보살의 중생을 구제, 영가천도기도법, 자녀를 위한 기도, 평온한 삶을 위한 기도, 소원 성취와 고난 극복을 위한 기도 등을 자세히 설명하고 있습니다.

참회·참회기도법 / 김현준　160쪽 6,000원
참회의 참된 의미, 절·염불을 통한 참회법, 참회인의 마음가짐, 이참법 등을 영험담들과 함께 감동 깊게 엮은 책으로, 참회를 통해 행복하고 자유로운 삶을 사는 방법을 열어주고 있습니다.

법보시를 원하시는 분은 출판사로 연락 주십시오. 할인혜택을 드립니다.

전화 02-587-6612, 582-6612 팩스 02-586-9078